¡Animales bebés en la naturaleza!

Cachorros de zorrillo en la naturaleza

por Katie Chanez

Bullfrog
en español

Ideas para padres y maestros

Bullfrog Books permite a los niños practicar la lectura de textos informativos desde el nivel principiante. Las repeticiones, palabras conocidas y descripciones en las imágenes ayudan a los lectores principiantes.

Antes de leer

- Hablen acerca de las fotografías. ¿Qué representan para ellos?

- Consulten juntos el glosario de las fotografías. Lean las palabras y hablen de ellas.

Durante la lectura

- Hojeen el libro y observen las fotografías. Deje que el niño haga preguntas. Muestre las descripciones en las imágenes.

- Léale el libro al niño o deje que él o ella lo lea independientemente.

Después de leer

- Anime al niño para que piense más. Pregúntele: Los cachorros de zorrillo tienen rayas. ¿Puedes nombrar otros animales que tienen rayas?

Bullfrog Books are published by Jump!
5357 Penn Avenue South
Minneapolis, MN 55419
www.jumplibrary.com

Library of Congress Cataloging-in-Publication Data

Names: Chanez, Katie, author.
Title: Cachorros de zorrillo en la naturaleza / por Katie Chanez.
Other titles: Skunk kits in the wild. Spanish
Description: Minneapolis, MN: Jump!, Inc., [2024]
Series: ¡Animales bebés en la naturaleza!
Includes index.
Audience: Ages 5–8
Identifiers: LCCN 2022061229 (print)
LCCN 2022061230 (ebook)
ISBN 9798885248501 (hardcover)
ISBN 9798885248518 (paperback)
ISBN 9798885248525 (ebook)
Subjects: LCSH: Skunks—Infancy—Juvenile literature.
Classification: LCC QL737.C248 C4318 2024 (print)
LCC QL737.C248 (ebook)
DDC 599.76/81392—dc23/eng/20230106

Editor: Eliza Leahy
Designer: Molly Ballanger
Translator: Annette Granat

Photo Credits: Don Johnston/All Canada Photos/SuperStock, cover, 5, 6–7, 23bl, 23br; Nynke van Holten/Shutterstock, 1, 3 (right), 11, 22; Chris Brignell/Dreamstime, 3 (left); Wayne Lynch/All Canada Photos/SuperStock, 4, 23tl; KenCanning/iStock, 8–9; blickwinkel/Alamy, 10; Geoffrey Kuchera/Dreamstime, 12–13; Josef Pittner/Shutterstock, 14; Lynn_Bystrom/iStock, 15; Danita Delimont/Shutterstock, 16–17; Animals Animals/SuperStock, 18–19; Holly Kuchera/Shutterstock, 20–21; Vangelis Vassalakis/Shutterstock, 23tr; reptiles4all/iStock, 24.

Printed in the United States of America at Corporate Graphics in North Mankato, Minnesota.

Tabla de contenido

Llegó la primavera.

¡Los cachorros de zorrillo nacen!

cachorro

Este tronco es su madriguera.

Mamá los mantiene a salvo.

mamá

Los cachorros de zorrillo tienen un pelaje negro.

Ellos tienen rayas blancas.

Ellos tienen una cola peluda.

cola

raya

Los cachorros
siguen a mamá.
Ella carga uno.

Ellos buscan comida.
Cavan para encontrar insectos.

garra

Ellos usan sus garras.

Encuentran fruta.

¡Mmm!

¡Oh, no!
¡Ahí viene un coyote!

coyote

14

Un cachorro levanta su cola.
Él rocía un líquido apestoso.

El coyote se va corriendo.

¡Los cachorros están a salvo!

Llegó el otoño.

Los cachorros se quedan con mamá durante el invierno.

Llegó la primavera otra vez.

Los cachorros ya crecieron.

Ellos se van para encontrar sus propias madrigueras.

Las partes de un cachorro de zorrillo

¿Cuáles son las partes de un cachorro de zorrillo?
¡Échales un vistazo!

cola

oreja

pelaje

pata

garra

nariz

Glosario de fotografías

cachorros
Zorrillos bebés.

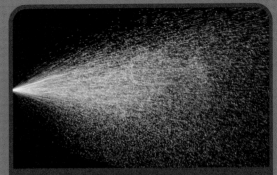

líquido
Una sustancia que fluye y puede ser vertida o rociada.

madriguera
El hogar de un animal salvaje.

peludas
Gruesas y esponjadas.

Índice

Para aprender más

Aprender más es tan fácil como contar de 1 a 3.

❶ Visita www.factsurfer.com

❷ Escribe "cachorrosdezorrillo" en la caja de búsqueda.

❸ Elige tu libro para ver una lista de sitios web.